指文字表（ゆびもじひょう）
見方（みかた）

JN080773

自分（じぶん）から
見（み）たときの
右手（みぎて）の形（かたち）

は 	ひ	ふ	へ	ほ
ま 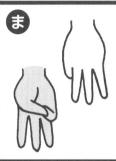	み	む	め	も
や 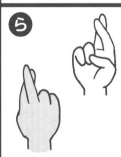	ゆ	よ	だく音「ﾞ」 例：ぎ 横に動かす	半だく音「ﾟ」 例：ぺ 上に動かす
ら	り	る	れ	ろ
わ	を 手前に引く	ん	よう音・そく音「ゃゅょ」「っ」 例：ゃ 手前に引く	長音「ー」 たてぼうを書く

だく音（おん）「ﾞ」
例（れい）：ぎ
横（よこ）に動（うご）かす

半（はん）だく音（おん）「ﾟ」
例（れい）：ぺ
上（うえ）に動（うご）かす

よう音（おん）・そく音（おん）
「ゃゅょ」「っ」
例（れい）：ゃ
手前（てまえ）に引（ひ）く

長音（ちょうおん）「ー」
たてぼうを書（か）く

を：手前（てまえ）に引（ひ）く

知ろう！　あそぼう！　楽しもう！

はじめての手話②

手話で話そう！

監修：大杉 豊（筑波技術大学 教授）

はじめに

　この地球ではさまざまな人たちがくらしています。みなさんが1人ではなく仲間でささえ合って生きることの大切さを学ぶなかで、耳の聞こえない人たちとの出会いもあるでしょう。そのとき、聞こえない人とのコミュニケーション方法を知っていれば、たがいに心を通わせることができ、友達になる一歩をふみだす大きな力になります。この本が、みなさんの世界を広げていくことに役立つよう願っています。

　2巻では、あいさつや自己紹介など、おたがいを知るために使う、たくさんの手話を紹介します。手話で気持ちを伝え合うことができるように、手話で話す練習を始めてみましょう。

監修 大杉 豊（筑波技術大学 教授）

動画も見てみよう！

このマークがあるページは
動画が見られるよ！

インターネットにつながるスマートフォンやタブレットで、QRコードを読みこんでみよう！ 本にのっている手話を動画でくわしく見られるよ。

出演しているのは……

 たまきさん　 はるきさん　ゆめさん

こんな動画が見られる！

手話であいさつしてみよう
はじめまして

手話であいさつしてみよう
よろしくおねがいします

※この本のQRコードから見られる動画は、予告なく内容をへんこうしたりサービスをしゅうりょうしたりすることがあります。

もくじ

矢印の見方 矢印の種類によって、手の動かし方がちがうよ。

白い三角の矢印は、手を前か後ろに動かす。

赤い三角が2つの矢印は、2回以上くり返し動かす。

赤い三角の矢印は、手を左右か上下に動かす。

＊この本で紹介している手話は、おもに標準手話です。手話には、同じ単語でも、ことなる表現があります。この本では、いくつかあるなかの1つを紹介しています。

＊手話と指文字の絵は、右利きの人用にえがいています。左利きの人は、やりやすいように左右の手を入れかえてもかまいません。

手話であいさつをしよう

家族や友達だけでなく、はじめて会う人や先生などにも使える、あいさつの手話です。

はじめまして

はじめて
手のひらを下に向け、人さし指以外の指をにぎりながら上げる。

会う
両手の人さし指を立て、左右（または前後）からくっつける。

よろしくお願いします

よろしく
グーにして鼻先に当てた手を、開きながら前に出し、同時に頭を少し下げる。

あいさつの手話

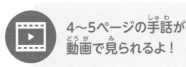

4〜5ページの手話が動画で見られるよ！

おはようございます

頭を少したおしてこめかみに当てたグーをむねまで下げながら頭を起こし、その手を下ろしておじぎをする。

こんにちは

立てた人さし指と中指をそろえてひたいの真ん中に当ててから、その手を下ろしておじぎをする。

こんばんは

手のひらを前に向けて左右から引きよせ、目の前で交差させてから、その手を下ろしておじぎをする。

おやすみなさい

頭を少したおしてこめかみにグーを当て、その手を下ろしておじぎをする。

友達同士のあいさつ

友達同士のカジュアルなあいさつには、「やあ！」という手話を使います。指をのばしてななめにかまえた手を、こめかみのわきから少し上げるだけ。この手話は、「じゃあね」と別れるときにも使えます。ふだん友達同士で使う身ぶりにもにていますね。

やあ！

5

名前を伝える

手話では、「わたしの」「名前は」の「の」や「は」などの助詞はあまり表しません。

わたしの 名前は 佐藤です

わたし・ぼく
人さし指で自分のむねの辺りをさす。鼻の辺りをさしても同じ意味。

名前
前に向けた手のひらの真ん中に、反対の手の親指を当てる。

佐藤
手のひらを口元に当て、手を回す。口のまわりをなめる様子。

ぼくの 名前は 中村です

中村
両手の指で漢字の「中」を作り、次にくわの形に指を曲げ、反対の人さし指で手のひらをなぞる。

＊「ぼくの名前は」は、上の「わたしの名前は」と同じ動きです。

よくある名字の手話

　いっぱんてきに、名字や名前は指文字で表します。「田+中」「鈴+木」など、手話単語を組み合わせて表すものもあります。「佐藤」は、読みが同じ調味料のさとうの手話で表します。

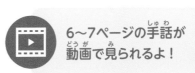

6〜7ページの手話が動画で見られるよ！

ここで紹介している名字の手話は、手話単語の組み合わせだよ。おもに東日本で使われるんだ。

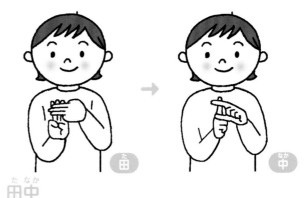

田中
指を3本ずつ立てて「田」の字を作り、次に親指と人さし指に反対の手の人さし指を当てて「中」の字を作る。

鈴木
つまんだ指を、すずを鳴らすように軽くふって、次にのばした親指と人さし指をななめ上に上げる。

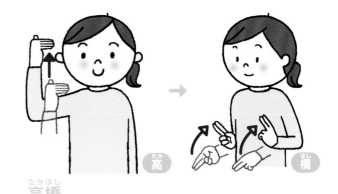

高橋
指文字の「こ」を上げ、次に人さし指と中指をのばした両手を、橋の形をえがくように手前に引く。

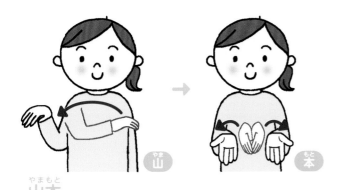

山本
手のこうを上にして、山の形をえがき、次に体の前でとじた両手を、本を開くようにして開く。

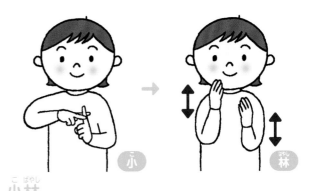

小林
人さし指を反対の人さし指と中指ではさみ、次に首の前で向かい合わせた両手をこうごに上下させる。

ねんれいや誕生日

数字の表し方を覚えて、自分のねんれいや誕生日を伝えましょう。

ろうそくは 10本だね

ろうそく
指をつまんだ手を
グーの上にのせ、
ゆらゆらと上げて
いく。火がゆれる
様子。

＋

10本
手のひらを前に向
けて人さし指を曲
げ、数字の「10」
を作る。

誕生日 おめでとう

誕生日
指をつまんだ両手
を、ななめ下に広
げて出し、次に2
本の指を曲げて
むねの前に置く。

＋

おめでとう
指をつまんだ両
手を上に向けて
おなかの辺りに当
て、開きながら上
げる。

＊数字の手話は、最後のページにあります。

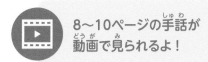
8～10ページの手話が
動画で見られるよ！

わたしは　小学　4年生　です

 ＋  ＋

わたし・ぼく
人さし指で自分のむね
の辺りをさす。鼻の辺
りをさしても同じ意味。

小
人さし指を、反対の人
さし指と中指ではさむ。

4
4本の指をのばして指
先を上に向け、数字の
「4」を作る。

数字を置きかえよう！

5年生　　6年生

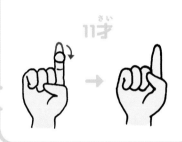

ぼくは　9才　です

 ＋  ＋

わたし・ぼく
人さし指で自分のむね
の辺りをさす。鼻の辺
りをさしても同じ意味。

ねんれい
片手をあごにつけたま
ま、親指から順に曲げ、
全部の指をにぎる。

9
親指を上に、残りの指
を横にのばして、数字の
「9」を作る。

数字を置きかえよう！

11才

誕生日を伝えよう

　手話には、「○月○日」の伝え方が
あります。たとえば「5月3日」なら、
まずは、数字の「5」を作ります。そ
のあと、反対の手で「月」と「3日」を
順に表します。最後は、数字の「5」と
「3」のしぐさが残るのです。

5　　　月　　　3

 →  →

数字の「5」を作る。

「5」の手を残した
まま、片手で月の
形を作る。

月の形を作った手
で、数字の「3」を
作る。

行事の手話

これも覚えよう！

お正月
両手の人さし指を左右から引きよせ、上下に置く。

クリスマス
人さし指で「X」の形を作り、左右ななめ下に下ろす。

ハロウィン
目が間から見えるように2本の指を開き、両手を左右に引きながら指をとじる。

夏休み
親指を人さし指にのせ、せんすを持つようににぎって顔の下であおぎ、次に体の横で両手の人さし指同士をつけて、反対側に動かす。

運動会
親指を立てて両手をこうごに前後させ、次に両手の指先をつけて、同時にななめ下に引く。

期間を伝えるとき

夏休みやお正月休みの期間といった、はばのある日にちを伝えるときは、「〜から」「〜まで」という表現を使います。「〜まで」の手話には、ものごとの終わりや、駅などの終点という意味もあります。

〜から

手を前に出し、手首を内側に曲げつつ手をふる。

〜まで

片方の手のひらに、反対の手の指先を直角に当てる。

数字の1〜10を順にたどって、ゴールを目指しましょう。
わからないときは最後のページを見て、数字をたしかめてみ
ましょう。

START!
▼

GOAL!

➡ 答えは47ページにあります。

家族のこと

家族を表す手話は、親指を立てる「男」と小指を立てる「女」の手話が基本になっています。

わたしは　5人　家族です

わたし・ぼく
人さし指で自分のむねの辺りをさす。鼻の辺りをさしても同じ意味。

＋

家族
手で屋根を作り、その下で親指と小指を立てた反対の手を半回転させる。

＋

5人
数字の「5」を作り、自分から見てわかるように「人」と書く。

数字を表したまま「人」の字を空書きすると、「○人」という意味になるんだね。

わたしには　妹が　います

妹
小指を立てて下げる。

＋

いる
両手をグーにして、うでを同時に少し下げる。「住む」という意味もある。

12

12～13ページの手話が
動画で見られるよ!

家族の手話

お父さん

人さし指で下向きにほお
をなで、親指を立てて軽
く上げる。

お母さん

人さし指で下向きにほお
をなで、小指を立てて軽
く上げる。

おじいさん

人さし指で下向きにほお
をなで、親指を曲げて上
下させる。

おばあさん

人さし指で下向きにほお
をなで、小指を曲げて上
下させる。

お兄さん

中指を立てて上げる。

弟

中指を立てて下げる。

兄弟

両手の中指を立て、上下
にはなす。

お姉さん

小指を立てて上げる。

姉妹

両手の小指を立て、上下
にはなす。

孫

親指と小指を立て、反対
の手を、立てた小指から2
段階で下ろす。

いとこ

両手ともつまんだ親指と人さし指をほおに当てて、片手
だけを前に出し、次に両手の中指を立てて上下にはなす。

13

ペットのこと

動物の手話は、それぞれのすがたや動きのとくちょうを表しています。

わたしは　ねこを　かっています

わたし・ぼく
人さし指で自分のむねの辺りをさす。鼻の辺りをさしても同じ意味。

ねこ
グーをほおに当てて、なでるように動かす。

かう
立てた親指に、反対の手の指先をくり返し近づける。

とても　かわいいね

かわいい
手のひらを下に向け、その上で、反対の手を2回水平に回す。笑顔やうなずきで「とても」を表現する。

ペットの手話

犬
両手の指をのばして頭の横につけ、4本の指をたおす。犬の耳の形。

うさぎ
両手の指をのばして耳の上辺りに小指をつけ、4本の指を後ろにたおす。

小鳥
人さし指を反対の人さし指と中指ではさみ、次に片手の親指と人さし指を前に向けて口元に置き、指を開いたりとじたりする。

金魚
3本の指を横にのばし、前後にふりながら横に動かす。金魚が泳ぐ様子。

かめ
親指を立てた手に、反対の手をかめのこうらのようにかぶせる。

ハムスター
指先を曲げた両手をほおに当て、指を開いたりとじたりする。

かぶとむし
人さし指と中指の指先を曲げて、ひたいに当てる。かぶとむしの角を表現。

観察しよう

　かっているペット、身近にいる生き物のすがたや動きを観察して、手話の表現とくらべてみましょう。
　すがたや動きのとくちょうをつかんで、その生き物をイメージしながら楽しく手話を覚えましょう。

てんとうむし

手のこうに輪を3回ずらして当てて、体のもようを表現。

かえる

両手を上下させて、ぴょんぴょんはねる動きを表現。

とんぼ

指の小刻みな動きで、羽をふるわせて飛ぶ様子を表現。

15

動物の手話

ライオン
指を曲げた両手を頭の上から顔のラインにそってもこもこさせながら下ろす。

とら
両手の指先を曲げてほおに近づけ、左右に引く。

きりん
うでを曲げて3本の指を前にのばし、反対の手でひじの辺りをおさえる。

ゴリラ
両手をグーにして、むねの辺りをこうごにたたく。

さる
指を曲げたほうの手で、反対の手のこうをかく。

馬
両手の手のひらを頭の左右につけ、前後に少しふる。

牛
両手の親指と人さし指の指先を曲げて、親指を頭のわきに当てる。

いのしし
両手の人さし指をのばして指先を前に向け、口元に近づける。きばを表現。

羊
両手の人さし指を、顔の横で円をえがくように回す。

きつね
指文字でひらがなの「き」を作る。かげ絵のきつねがもとになった表現。

コアラ
3本の指の指先を曲げた両手を前に出し、手首を自分のほうに曲げる。

りす
両手の人さし指と中指を口元に近づけ、のばしたり曲げたりする。

16

QUIZ!
何の動物かな？

①～⑫はすべて動物を表す手話です。何の順にならんでいるでしょう。また、①⑥⑩に入る動物を当てましょう。

① ？

片手を口元に近づけ、人さし指と中指の指先をのばしたり曲げたりする。

② 牛

両手の親指と人さし指の指先を曲げて、親指を頭のわきに当てる。

③ とら

両手の指先を曲げてほおに近づけ、左右に引く。

④ うさぎ

両手の指をのばして耳の上辺りに小指をつけ、4本の指を後ろにたおす。

⑤ りゅう

指をつまんだ両手を口元から左右ななめ前に出す。

⑥ ？

親指をななめに立てた手を、くねくねさせながら前に出す。

⑦ 馬

両手の手のひらを頭の左右につけ、前後に少しふる。

⑧ 羊

両手の人さし指を、顔の横で円をえがくように回す。

⑨ さる

指を曲げたほうの手で、反対の手のこうをかく。

⑩ ？

親指をひたいに当て、残りの4本の指を横に軽くふる。

⑪ 犬

両手の指をのばして頭の横につけ、4本の指をたおす。犬の耳の形。

⑫ いのしし

両手の人さし指をのばして指先を前に向け、口元に近づける。

答え 十二支の順。① ねずみ ⑥ へび ⑩ にわとり

17

学校のこと

自分の好きな教科など、手話で学校のことを話してみましょう。

ぼくは　算数が　好き

わたし・ぼく
人さし指で自分のむねの辺りをさす。鼻の辺りをさしても同じ意味。

＋

算数
両手とも、親指と小指以外の指を立てて、左右から2回ほどくっつける。

＋

好き
親指と人さし指を開いてあごに当て、指をとじながら前に下ろす。

今日の　給食は　何かな？

今日
指をのばした両手の手のひらを下向きに出し、同時に2回下ろす。

＋

給食
そろえた人さし指と中指を口元に近づけ、次に両手の親指と人さし指を向かい合わせる。

＋

何
人さし指を左右に軽くふる。首をかしげて不思議そうな表情をすると、より伝わりやすい。

学校の教科の手話

国語

両手の親指を立てて、顔の横で同時に前に出し、むねの下辺りでも同じように親指を前に出す。かべにポスターをはる様子。

算数

両手とも、親指と小指以外の指を立てて、左右から2回ほどくっつける。

社会

親指と小指を立てた両手を、円をえがきながら引きよせて親指をつける。

理科

両手とも輪を作り、輪の片方から片方に水を注ぐしぐさをして、手をかえ、同じしぐさをする。実験をする様子。

体育

グーにした両手を向かい合わせて、同時に前後に動かす。

音楽

人さし指を立てた両手を左右にふる。指揮をする様子。

図工

片方の手のひらに反対の手のこうを2回当て、次に両手をグーにして、何かを組み立てているように2回たたく。

英語

人さし指と中指を立ててあごをなで、次につまんだ指を前に出して、英語を書くように左から右へ動かす。

これも覚えよう！

受け答えの手話

生活でよく使う表現

「ありがとう」「だめ」などは、学校でも家でもよく使う表現です。手話のしぐさも、ふだんからわたしたちが使うジェスチャーににているところがあります。

わかりやすい手話ばかりだね。気持ちをこめて、やってみよう！

ありがとう
手のこうに反対の小指を直角にのせ、頭を下げながらその手を上げる。

お願い
頭を軽く下げながら、顔の前でななめにかまえた手を少し前に出す。

ごめんなさい
つまんだ親指と人さし指の指先を両まゆの間に当て、次に頭を軽く下げながら、顔の前でななめにかまえた手を少し前に出す。

いいよ
小指の指先を、あごに2回当てる。

だめ
両手を交差させて、「×」の形を作る。

そうだったんだ！
手のひらを自分に向けてひたいに近づけ、顔の前を通るようにふり下ろす。

なるほど
立てた親指をあごにつけて、前にのばした人さし指を2回ふる。

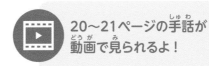 20〜21ページの手話が動画で見られるよ！

人を気づかうときの手話

だいじょうぶ？

だいじょうぶ
指先を曲げて、左右のむねに順に当てる。問いかける表情をすると、より伝わりやすい。

どうしたの？

何
のばした人さし指を左右に軽くふる。首をかしげて不思議そうな表情をすると、より伝わりやすい。

元気？

元気
ひじをはって、グーにした両手をむねの前で向き合わせ、同時に力強く2回下ろす。

〜か？
手をむねの前から相手に向けて下ろす。問いかけるような表情をすると、より伝わりやすい。

何か 手伝おうか？

何
のばした人さし指を左右に軽くふる。

手伝う
親指を立てた手を、反対の手のひらで2回、前におすようにたたく。

〜か？
手をむねの前から相手に向けて下ろす。問いかけるような表情をすると、より伝わりやすい。

> こまっているとき、「どうしたの？」って話しかけてくれたらとてもうれしいな。

手伝ってほしいとき

こまっているときや、まわりの人に手伝ってほしいことがあるときにする手話もあります。「助けて」「手伝って」を表す手話です。学校でも町でも、この手話に気づいたら、その人に手話で「どうしましたか？」などと話しかけてみましょう。

助けて・手伝って

親指を立ててにぎった手のこうを、反対の手で2回、引きよせるようにたたく。

しゅみや習い事

しゅみや習い事の手話では、実際の動作をまねた表現が多くあります。

ぼくは　絵を　習っているんだ

わたし・ぼく
人さし指で自分のむねの辺りをさす。鼻の辺りをさしても同じ意味。

＋

絵をかく
片方の手のひらに反対の手のこうを2回当てる。

＋

習う
人さし指の指先をひたいに向けて、上から2回さす。

わたしは　ダンスを　習っているよ

ダンス
ピースをさかさにして、反対の手のひらの上で左右に軽くふる。

＋

習う
人さし指の指先をひたいに向けて、上から2回さす。

＊「わたしは」は、上の「わたし・ぼく」と同じ動きです。

22

22〜23ページの手話が
動画で見られるよ！

しゅみや習い事の手話

サッカー
指で輪を作り、反対のピースの人さし指ではじく。ボールをける様子。

テニス
グーにした手をふって返す。テニスラケットをふる様子。

野球
体の横でグーにした両手をくっつけて大きくふる。バットをふる様子。

水泳
のばした人さし指と中指をこうごに上下させながら、横に動かす。

体操
両うでをむねの前で交差させてから、左右に広げる。体操をする様子。

バレエ
ピースをさかさにして反対の手のひらにのせ、回しながら上げる。

ピアノ
両手の指を広げて下に向け、こうごに下ろす。ピアノをひく様子。

空手
手をグーにして上に向け、むねの両側につける。片手の手のこうを上向きにしながら、前につきだす。

プログラミング
前に向けた手のひらを、反対の手の人さし指でだんをつけながらなぞる。

書道
むねの辺りで手を下向きに置き、反対の手で筆を持って書くしぐさをする。

23

将来のゆめ

仕事を表す手話には、親指を立てた「人」の手話を使う表現が多くあります。

わたしの　ゆめは　ダンサーです

わたし・ぼく
人さし指で自分のむねの辺りをさす。鼻の辺りをさしても同じ意味。

+

ゆめ
手のひらを上に向けて指先を曲げ、こめかみからゆらしながら上げる。

+

ダンサー
さかさにしたピースを反対の手のひらの上で左右にふり、次にむねの前で親指を立てる。

とても　いいね

よい
グーにした手の親指を鼻に当て、少し前へはなす。笑顔やうなずきで「とても」を表現。

24〜27ページの手話が
動画で見られるよ！

仕事を表す手話

サッカー選手

指で輪を作って反対のピースの人さし指ではじき、次に親指を立てた手を反対の手のこうに当てる。

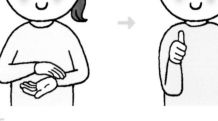

医師

手のひらを上に向けた手首を、反対の手でみゃくをはかるようにおさえ、次にむねの前で親指を立てる。

教師

横に向けた人さし指を前に出すようにななめ下に2回ふり、次にむねの前で親指を立てる。

警察官

小さめに丸めた親指と人さし指をひたいの上のほうに当て、次にむねの前で親指を立てる。

「人」を表す手話

24ページの「ダンサー」は、「ダンス」と「人」の手話を組み合わせて表しています。「人」を表すときは「男性」と同じ、親指を立てるしぐさです。性別を分ける必要がないときも使います。

女性とわかっているときは、「人」を小指を立てて表す場合もあります。

性別を分けないときや男性をさすときに使う。

女性の場合、小指を立てることもある。

仕事の手話

じゅうい

両手の指先を曲げてこうごに前に出し、次に手のひらを上に向けた手首を、反対の手でみゃくをはかるようにおさえる。

美容師

両手の人さし指と中指を顔のラインにそってひねり上げ、次に指文字の「し」をむねに当てる。

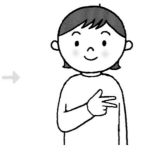

やくざいし

曲げた薬指を反対の手のひらにのせ、円をえがくように回し、次に指文字の「し」をむねに当てる。

ユーチューバー

親指と小指を立てた手をむねの前に出し、その横で開いた手を、上下に2回ほどふる。次に親指と小指を立てた手をゆらしながら横に動かす。

イラストレーター

手のひらに反対の小指でジグザグを書き、次に親指と小指を立てた手をゆらしながら横に動かす。

パティシエ

手のひらの上でもう片方の手のひらを、たてと横に切るしぐさをして、次に両手の親指と人さし指の指先を曲げ、頭の左右から同時に上げる。

この仕事な〜んだ？

❶と❷の手話の動作や意味から、それぞれどんな仕事をしている人か当てましょう。

❶

子ども
両手を前に向けて、顔の横で左右にふる。

世話
両手の手のひらを前に向け、その手をこうごに上下させる。

〜師・〜士
指文字の「し」をむねに当てる。

❷

手話
両手の人さし指の先を向かい合わせて、上下方向にこうごに回す。

通訳する
立てた親指を口元で左右に動かす。

〜師・〜士
指文字の「し」をむねに当てる。

ヒント

❶も❷も、最後に「〜師・〜士」という言葉が入っています。指文字の「し」をむねに当てるしぐさは、その仕事をするためにテストなどに合格して、必要なしかくをもっていることを表しています。子どもの世話をする仕事や、手話で話すことに関する仕事について調べてみましょう。

食事のこと

食事の場面で使う手話には、手を口元に近づける動作がたくさんあります。

いただきます

食べる
片方の手のひらから、反対の手の人さし指と中指を近づける。

＋

おがむ
寺などでおがむときのように、両方の手のひらを合わせる。

おいしいね
おいしい
片手をほおに当てて、軽くたたく。

食事の場面で使う手話

あまい
手のひらを口元に当て、手を回す。「さとう」「佐藤」と同じ手話。

苦い
5本の指先を曲げて口元に置き、左右にふる。

からい
5本の指先を曲げて口に向け、口のまわりで回す。

すっぱい
指先をすぼめて口元に置き、その指を開きながら前に動かす。

冷たい
かたをすくめ、にぎった両手を左右にふるわせる。「寒い」と同じ手話。

熱い
指先を下に向けた手を、すばやく上げる。

まずい
手のひらをあごに当てて、すばやく下ろす。

きらい
親指と人さし指をつけてのどに近づけ、その指先を前に出しながら開く。

「いただきます」と「ごちそうさま」

左ページの「いただきます」は、「食べる」「おがむ」の動作を表す手話を組み合わせた表現です。「おがむ」の手話には、神社などに「お参りする」「いのる」などの意味もあります。

「ごちそうさま」の手話は、「おいしい」と「ありがとう」を組み合わせ、食べ物や料理を作った人への感謝をこめた表現になっています。

ごちそうさま

片手をほおに当てて、軽くたたく。

手のこうに反対の小指を直角にのせ、頭を下げながらその手を上げる。

これも
覚えよう！

食べ物の手話

カレー

5本の指先を曲げて口に向け、口のまわりで回して、次にスプーンを口に運ぶようにグーを近づける。

フライドポテト

指先を曲げた手のこうを、反対の指先でたたきながら横に動かし、次に、人さし指と中指をのばして手のこうを上に向け、その手をひっくり返す。油であげる様子。

にぎりずし

丸めた手に反対の人さし指と中指をはさんで軽くふる。すしをにぎる様子。

スパゲティ

3本の指をのばして下に向け、フォークでめんをまきとるように回す。

ラーメン

指文字の「ら」を作って横に向け、その指を口元に近づける。

ハンバーグ

手の上下を入れかえながら、ハンバーグの形を整えるしぐさをする。

ピザ

両手の親指と人さし指を向かい合わせて1まいのピザを表し、次にピザを1切れ持っているようにして親指と人さし指を広げ、その手を口元に近づける。

焼き肉

上に向けた手のひらに、反対の人さし指と中指を、手のこうを上に向けてのせ、その手をひっくり返す。

飲み物の手話

水
上に向けた手のひらを反
対側のかたからななめ下
に引く。水が流れる様子。

牛乳
2本の指を少し丸めて親指をひたいの横につける。次
に少し曲げた手の小指側をむねに当て、指先を曲げの
ばしして牛のちちをしぼるしぐさをする。

ジュース
自分から見てわかるように
小指で「J」の字を書き、
その指先を口に当てる。

コーヒー
片手を丸め、その上で反
対の親指と人さし指をつ
まんで回す。

紅茶
人さし指をくちびるに当てて横に引き、次に、丸めた
手の上につまんだ親指と人さし指を2回下ろす。ティー
バッグを上下させるしぐさ。

おいしそうな
表情をするのも
大事だね。

食べる道具に注目！

　食べ物の手話は、おもに口に入れるまでのしぐさ
や調理の様子で表されています。
　はしやフォークなどの、食べるときに使う道具の
手話にも注目。立てた指は、はしやフォークを表し
ています。フォークは、口に運ぶまでのしぐさもふく
めて表します。

はし

のばした人さし指と
中指を開いたりとじ
たりする。

フォーク

のばした3本の指を、
食べ物をすくうよう
にして口に運ぶ。

いっしょに あそぼう

「〜しよう」と言うときは、相手をさそいたい気持ちが伝わるような表情も大切です。

何して あそぶ？

あそぶ
人さし指を立てて、顔の横でこうごにふる。何かを手に持ってあそぶ様子。

何
人さし指を左右に軽くふる。首をかしげて不思議そうな表情をすると、より伝わりやすい。

おにごっこを しようよ

おにごっこ
両手でおにの角を作り、次に指を前後にずらして置き、ゆらしながら前に出す。

する
両手をグーにして、同時に前に出す。さそう表情で「しよう」という表現になる。

あそびやあそぶ場所の手話

32〜33ページの手話が動画で見られるよ！

ドッジボール

両手を向かい合わせ、ボールの形を作る。次に手のひらを前に向けてボールを受けるしぐさをし、続けて片手でボールをつかんで投げるしぐさをする。

なわとび

グーにした両手を体の横で回す。なわとびの様子。

スケートボード

片手を前に出したまま、もう片方の手を地面をけるように前後に動かし、続けてその手を左右にゆらしながら前に出す。

鉄棒

片方の手のひらに、反対の人さし指と中指の指先を曲げて当てる。次に、両手をグーにして、頭の左右に出す。鉄棒をにぎる様子。

公園

片手の人さし指をななめ上に向けて「公」の字を表す。そのまま反対の手を下に向け、指先を曲げて少し下ろす。「場所」を表す手話。

校庭

両手を上に向け、上下にふって「学校」を表す手話をする。次に片方の手のひらを下に向けて、体の前で大きく回す。

33

聞いてみよう

「いつ」「どこ」「だれ」「何」「なぜ」などをたずねるときの手話も覚えましょう。

それは　何？

それ
そのものがある方向を指さす。

何
人さし指を左右に軽くふる。首をかしげて不思議そうな表情をすると、より伝わりやすい。

あの　子は　だれ？

あれ・あそこ
「あの人」「あそこの店」など、そのものがある方向をさす。

人
むねの前で親指を立てる。女性をさす場合は、小指を立てることもある。

だれ
指を少し曲げ、その手をほおに当てて前方に2回、こする。

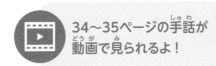
34～35ページの手話が動画で見られるよ!

たずねるときの手話

いつ
上下に置いた両手を、同時に親指から順に曲げていき、全部の指をにぎる。

どこ
片手の指先を曲げて下に向け、その手を少し下ろす。次に人さし指を立てて、むねの前で左右に軽くふる。

どっち
両手の人さし指を立てて、こうごに上下させる。

なぜ
片手の手のひらを下に向け、その下側から反対の人さし指を前に出す。

いくつ・何個
のばした指先を上に向けて、親指から順に折っていき、全部の指をにぎる。

たずねるときに使う手話

「いつ?」「どこ?」など、何かをたずねるとき、文の最後に「質問」を表す右の手話を使うことがあります。ほかの手話から続けると、21ページの「～か?」のように、最初の手の位置が耳ではなく、むねの前になります。

この手話をしながら不思議そうな表情で首をかしげると、たずねていることがより伝わります。

指先を耳に向けた手を、手のひらを上に向けて相手のほうへ出す。「質問」の手話。

気持ちを伝えよう!

気持ちや気分を表す手話をするときは、表情もゆたかにしてみましょう。

とても　うれしい!

うれしい
むねの前で、両手を上下に、こうごに大きく動かす。笑顔やうなずきで「とても」を表現する。

ぼくは　悲しい

わたし・ぼく
人さし指で自分のむねの辺りをさす。鼻の辺りをさしても同じ意味。

悲しい
つまんだ親指と人さし指を、目元からほおに下ろす。

気持ちや気分を表す手話

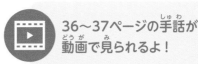
36〜37ページの手話が動画で見られるよ！

すごい
5本の指先を曲げてこめかみに向け、前向きに半回転させる。

いいね
グーにした手の親指を鼻に当てて、少し前へはなす。

びっくり
手のひらに反対の人さし指と中指の指先をつけて、すばやく上げる。

幸せ
親指を開いた手で、あごをなで下ろしながら指をとじる。

どきどき
片手をむねの前に出し、その内側で、反対の手をむねに数回当てる。

くやしい
指先を曲げた両手をむねに当て、かきむしるようにして回す。

がっかり
親指を開いた手を横向きにしてむねに当て、指をとじる。

こわい
人さし指と中指を立てて反対の手のひらにのせ、ふるわせる。

伝わったかな

手話での会話になれていなくても、自分の手話が相手に正しく伝わったことがわかると、安心しますね。

相手の手話の意味がわかったときや、よくわからなかったときには、右の手話を使って伝えてみましょう。

わかった

片手で自分のむねを2回たたく。

わからない

手のこうを前に向けて、むねの前から外側に2回はらう。

37

「いつ？」を伝えよう！

指を自分より後ろに動かすのが「昨日」、前に動かすのが「明日」の手話です。

バイバイ、また あそぼうね

バイバイ
指を広げた手の
ひらを前に向け、
顔の横で左右に
ふる。

＋

また
グーを指が見える
ように顔の横に出
し、人さし指と中
指を横にのばす。

＋

あそぶ
人さし指を立てて、
顔の横でこうごに
ふる。何かを手に
持ってあそぶ様子。

また 明日

また
グーを指が見える
ように顔の横に出
し、人さし指と中
指を横にのばす。

＋

明日
立てた人さし指を
顔の横に出し、手
首を曲げて前にた
おす。

いつなのかを表す手話

昨日

立てた人さし指を顔の横に出し、手首を曲げて指先を後ろにふる。

今日

指をのばした両手の手のひらを、下向きに出し、同時に2回下ろす。

明日

立てた人さし指を顔の横に出し、手首を曲げて前にたおす。

あさって

立てた人さし指と中指を顔の横に出し、手首を曲げて前にたおす。

曜日を表す手話

曜日を表す手話は、月曜日なら月の形、火曜日なら火がもえる様子など、曜日の漢字が表すものから作られています。

日曜日は、カレンダーで赤い字で表されることから、「赤」「休日」が組み合わさった表現になっています。

月曜日

月の形を表現。

火曜日

火がもえる様子。

水曜日

水が流れる様子。

木曜日

木がのびていく様子。

金曜日

お金がぴかぴかと光る様子。

土曜日

さらさらした土を表現。

日曜日

「赤」と「休日」の手話を組み合わせた表現。

気候・天気のこと

気温のちがいを表す手話

　暑さや寒さを表す手話は、わたしたちがふだんするジェスチャーとよくにています。暑いときは顔をあおぐ、寒いときはかたをすくめてふるえるなどです。

　また、気温のちがいを表す手話は、そのまま季節の手話になります。あたたかい＝春、暑い＝夏となるのです。

> 「今日は寒い」を手話で表してみよう！39ページに「今日」の手話があるよ。

あたたかい（春）
両手のひらを、おなかの辺りからあおるように上げるしぐさをくり返す。

暑い（夏）
親指を人さし指にのせ、せんすを持つようににぎって顔の下であおぐ。

すずしい（秋）
両手の指を広げて顔に近づけ、手のひらであおぐしぐさをくり返す。

寒い（冬）
かたをすくめ、にぎった両手をふるわせる。「冷たい」と同じ手話。

「熱中症」の手話

　日本の夏は、じめじめしてむし暑い気候なので、熱中症になる人が多くいます。天気予報では、4〜9月ころは熱中症になりやすい日を知らせています。

　「熱中症」の手話は、「あせをかく」と病気を表す「〜症」の手話が組み合わさっています。

あせをかく

指を丸めた両手を左右のこめかみに当て、指先をほおにそって下ろす。

〜症

グーにした片手の親指側を、ひたいに1回、軽く当てる。

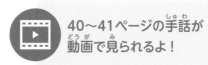
天気の様子を伝える手話

雪
人さし指で自分の歯をさして指先を横にふり、次に両手とも輪を作って雪がふるように下げる。

にじ
人さし指と中指をのばして上に向け、にじをえがくように動かす。

風
開いた両手を、顔の辺りからななめにふり下ろす。

雨
両手を広げて下向きにし、上下させる。雨がふる様子。

晴れ
むねの前で両手のひらを前にして重ね、左右に広げる。

くもり
指先を曲げた両手を、顔の前でもくもくさせながら横に動かす。雲が動く様子。

41

乗り物のこと

乗り物の動く様子や、乗る人の動作をイメージしながら覚えましょう。

自転車で　来たよ

自転車
両手をグーにして上下に置き、前後方向に、こうごに回す。

＋

来る
手のこうを前に向け、人さし指を立ててむねの前に引きよせる。

＋

〜した
両手の指先を上に向けてむねの前に置き、指をとじながら下ろす。

歩いて　来たよ

歩いて来る
さかさにしたピースの人さし指と中指を、こうごに動かしながら遠くから引きよせる。

＋

〜した
両手の指先を上に向けてむねの前に置き、指をとじながら下ろす。

乗り物の手話

飛行機
親指と小指をのばし、飛行機が飛ぶようにななめ上に上げる。

バス
両手の人さし指の先をつけ、親指を立ててそのまま前に出す。

新幹線
指を曲げて顔に向けた手を鼻先に置き、少し前に出す。

電車
人さし指と中指の指先を曲げて、反対の指の下側で横に動かす。

バイク
両手をグーにして、片方のグーを手前に2回、少し回す。

船
両手の小指側をくっつけて船の形を作り、少し前に出す。

ボート
両手をグーにして前に出し、2～3回、オールをこぐように前後に動かす。

> 「電車」の手話は、電線から送られた電気で動く様子を表しているんだ！

その場所は、近い?

　きょりを伝える手話を覚えましょう。友達と待ち合わせて公園に集まるときなどは、その公園が近いかどうか気になりますね。
　「遠い」「近い」の手話を覚えると、「遠いから自転車で行くよ」「近いから歩いて行くよ」などと伝えることができます。

遠い
指先をつまんだ両手をむねの前でくっつけ、片方だけを前に出す。

近い
指先をつまんだ両手を前後に置き、前の手を後ろの手に近づける。

手話を深く学ぼう

学ぶ方法はいろいろある

この本を読んで、「もっとたくさん手話の単語を覚えたい」「手話で話せるようになりたい」などと思ったとき、手話を学ぶ方法を紹介します。大人の協力が必要なものもありますが、自分に合う学習方法を見つけて取り組んでみましょう。

手話を学ぶ方法って思ったよりもたくさんあるね！

本で学ぶ

1人でもじっくり学べる！

学校や地域の図書館で、手話に関する本をさがして読んでみましょう。

子ども向けの本では、手話の動作がわかりやすく説明されています。また、耳が聞こえない人についての本もあります。

テレビや動画で学ぶ

手話の動きがよくわかる！

テレビでは、初心者が手話の会話を練習できる番組や、子ども向けの手話ニュース番組があります。

また、インターネットでは、自治体などが作成している手話の動画などを見ることができます。

教室や講習会で学ぶ

友達といっしょに学べる！

市区町村などの自治体が主体の手話教室や講習会は、耳の聞こえない人が手話を学ぶため、手話を広めるためなどの目的で行われます。

参加したいときは、おうちの人と話し合って決めましょう。

手話サークルで学ぶ

新しい出会いもある！

手話サークルでは、耳の聞こえる人も聞こえない人もいっしょに参加して、学習会やレクリエーションをとおして楽しく手話を学ぶことができます。

市区町村の福祉課などに問い合わせると、地域の手話サークルでどんな活動が行われているかを知ることができます。自治体によっては、担当している課の名前が「福祉課」とはちがう場合もあります。

手話を 自由研究のテーマに！

　興味をもった手話について、自由研究のテーマとしてまとめてみましょう。国語や社会、道徳の調べ学習のテーマにもいいですね。まとめ方の例を紹介します。

1 調べたいことは何？

　手話を学びながら考えたことをノートなどに書きだしてみましょう。

　たとえば「ジェスチャーとにている手話は？」「手話を知っていると役に立つのはどんなとき？」などと書きだしてみます。そのなかから、いちばん調べてみたいと思ったことをテーマにしましょう。

調べたいことの例
- 手話はどうやってできたの？
- 手話って世界で通じるの？
- 自分の好きな言葉の手話は？
- 耳の聞こえない人がくらしやすいくふうってどんなこと？

2 本や取材で調べよう！

　学校や地域の図書館で、手話や耳が聞こえない人について書かれた本をさがしてみましょう。

　まわりに手話にくわしい人がいたら、その人から話を聞くのもよいでしょう。

　インターネットで調べるときは、そのじょうほうを信じてよいかたしかめるようにしましょう。

調べる方法の例
- 本を読んでわかったことを記録する
- 手話を使って生活している人から話を聞く
- 手話ニュースなどを見る
- 駅や博物館など、公共の場所でくふうされていることを見つける

3 かべ新聞やレポートにまとめよう！

　調べたことを、かべ新聞などにまとめましょう。
- 興味をもったきっかけ
- 調べた方法（本、インターネット、取材など）
- 調べた内容
- 考えたこと（不思議に思ったこと、わかったことなど）

などを、見出しやイラストにくふうしてまとめましょう。

さくいん

11ページの答え

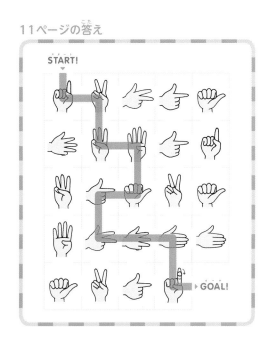

監修 大杉 豊
（おおすぎ ゆたか）
（筑波技術大学 教授）

ろう者。劇団員、専門学校教員を経て、米国ロチェスター大学大学院言語研究科修了、言語学博士。2006年より現職。専門は手話言語学、ろう者学。主な編著に、『国際手話のハンドブック』（三省堂）、共編著に、『手話言語白書』（明石書店）、「わたしたちの手話 学習辞典」シリーズ（一般財団法人全日本ろうあ連盟）など、多数。

表紙イラスト	磯村仁穂
本文イラスト	さいとうかおり　みやれいこ　石崎伸子　赤川ちかこ
キャラクターイラスト	タダユキヒロ
デザイン	鳥住美和子　高橋明優　吉原佑実（chocolate.）
編集	姉川直保子　秋田葉子　久保緋菜乃　滝沢奈美（ウィル）　小園まさみ　橋本明美
DTP	小林真美（ウィル）　藤城義絵
校正	村井みちよ
校正協力	田口真央　藤野桃香
動画協力	谷 千春（NPO手話技能検定協会副理事長） 白鳥 環　寄口遥希　小林優芽 那須康史（株式会社GROP） 寺澤洋次郎　松本 亘（株式会社Desing Office CAN）
参考書籍	「わたしたちの手話 学習辞典」シリーズ（一般財団法人 全日本ろうあ連盟）

知ろう！あそぼう！楽しもう！はじめての手話②
手話で話そう！

発　行	2022年4月　第1刷
監　修	大杉 豊（筑波技術大学 教授）
発行者	千葉 均
編　集	小林真理菜
発行所	株式会社ポプラ社 〒102-8519　東京都千代田区麹町4-2-6 ホームページ　www.poplar.co.jp（ポプラ社） 　　　　　　　kodomottolab.poplar.co.jp（こどもっとラボ）
印刷・製本	大日本印刷株式会社

ISBN 978-4-591-17300-8　N.D.C.801　47p　29cm　Printed in Japan
©POPLAR Publishing Co.,Ltd. 2022

あそびをもっと、
まなびをもっと。

こどもっとラボ

知ろう! あそぼう! 楽しもう!

はじめての手話

全5巻

監修:大杉 豊(筑波技術大学 教授)

小学校中学年～高学年向き
各47ページ
A4変型判オールカラー

図書館用特別堅牢製本図書

指文字表 数字・アルファベット

数字

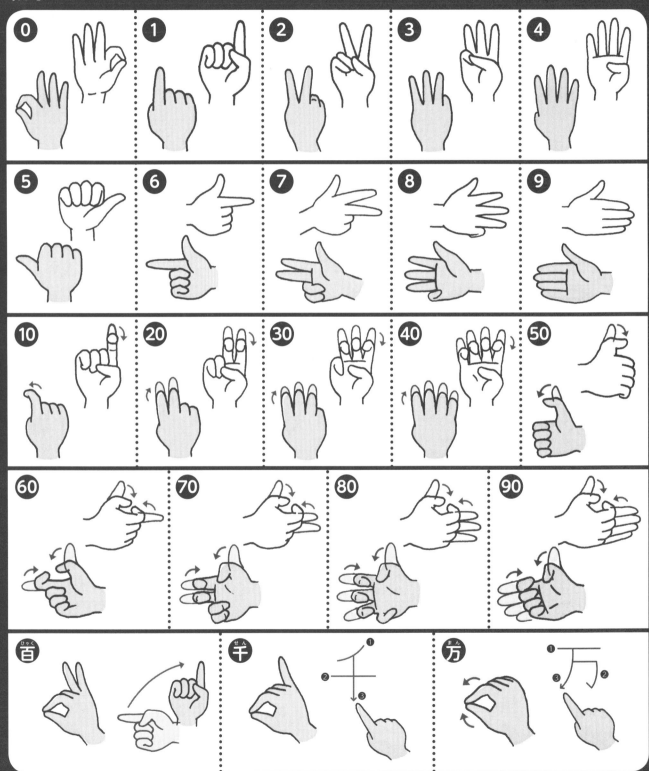